La cueva de las luciérnagas

Laia Bejarano

Aliar ediciones

Corrección: Eladia Guerrero
Diseño de cubierta: Laura S. Ayuso
Maquetación: Aliar Ediciones

Depósito Legal: GR 373-2024
ISBN: 978-84-10155-70-1

Impreso en España

Edita
ALIAR Ediciones
www.aliarediciones.es
info@aliarediciones.es

La cueva de las luciérnagas

Laia Bejarano

Para Alejandro,
gracias por ser faro, remo y viento
para navegar los claroscuros del alma

Entre luces y sombras
los ecos del alma susurran magias
de silencios etéreos,
de una belleza desgarradora,
que afligen, abruman y alimentan al amor
navegando hacia direcciones opuestas,
como átomos que se atraen y se liberan.

Mientras claroscuros impertinentes
se compadecen de la dualidad del ser humano.

Maravillándose la insignificancia
de su belleza de infinitos impermanentes.
Adentrándose sin prisa y sin remos
en la cueva de las luciérnagas.

Prólogo

Para mí escribir es una terapia, es un canal donde ordenar, sacar y compartir aquello que me abruma, me aflige, me descentra, me posee, me ahoga, me aprieta, me inspira, me impacta, me encanta, me mata y me recuerda que estoy viva.

Esta obra trata de definir en cinco capítulos el amor y la belleza, de abrazar miedos y cicatrices, de abrirle la puerta a mis secretos para mirar a la muerte y a la vida de frente, contando experiencias personales y exponiendo de nuevo a la verdadera Laia a la crudeza y brillantez de los focos.

El primero lo he reservado a PALABRAS inspiradoras que he querido definir a mi manera. Me han ayudado a bajar a la tierra toda esa belleza y amor que nos envuelve. Cuando uno deja de dar por sentado todo, se da cuenta de que transformar sentimientos, atardeceres, emociones, imágenes y sensaciones en poesía es un acto de pura magia, como todo el arte.

Después le toca a mis MIEDOS Y HERIDAS dejarse leer. Escribir sobre ellos me ayuda a mirarlos a la cara y darles el perdón y la compasión que se merecen, es un poco como hacer las paces con una palmadita en la espalda y un largo abrazo, en forma de papel y tinta.

He reservado un trozo del pastel a mis DELIRIOS, me cuesta encontrarles un significado o un sentido, son mensajes un tanto surrealistas que parece ser que vienen del inconsciente, como los sueños. Hay que dejar que salgan, aunque no haga falta siempre entenderlos con la razón, yo los dejo que sean sin preguntarles demasiado.

En AMORES escribo sobre el amor, romántico y desgarrador, no dejemos que pase de moda. También sobre la vida y la muerte a través de experiencias muy personales. He decidido compartir algunos secretos porque pienso que pueden ayudar a otras personas que hayan pasado por algo similar. Y así ir agrietando los tabúes desde dentro para seguir acercándonos unos a otros lo más genuinamente desnudos que podamos.

Y por último mi guiño a la naturaleza. En mi libro anterior también dediqué un capítulo a ella, ya que me salva, me protege, me inspira y me acerca a la autenticidad, la sencillez, la crudeza, el equilibrio y al amor (Dios) cuando más lo necesito.

Y por último he escrito una interpretación en forma de poema inspirada en cada uno de los 4 ELEMENTOS.

[…] Las palabras solo sirven
para denunciar que las palabras
no sirven.
La poesía es lo contrario de sí misma.
Es más complejo, es más sencillo.
Solo la poesía consigue que las palabras
sirvan para lo que no sirven las palabras.

Suso Sudón

PALABRAS

Epifanía

«Momento de sorpresiva revelación».

Un orgasmo emocional
me corta la respiración.
Caída de ficha.
Y cayendo una ficha detrás de otra
el efecto dominó me aplasta el ego.

Un instante de claridad, de entendimiento.
Un estallido de chispas quemando cerillas
y de un suspiro soplo todas las cenizas
para no mancharme las manos de hollín.

Y si después de quemar al ave fénix
quedara algún trozo de carbón,
me pintaré la cara de guerra
para estar preparada en luchas venideras.

Y de repente, un orgasmo emocional.
Caída de ficha.
Y soltando el apego al apego
me rio de mí y de mi amar al enamoramiento.

Un instante de claridad, de entendimiento,
en el que me doy cuenta
de que sí, vas a morir

de que sí, voy a morir.
Igual que muere cada ínfimo momento.

De este nacer y morir,
de estas dos caras de un mismo espejo,
de este jugar a reflejar la ilusión del tiempo.

Arrebol

«Cuando las nubes adquieren un color rojo
al ser iluminadas por los rayos de sol».

Me pierdo entre el cielo y el suelo,
siendo el que mira
y siendo paisaje al mismo tiempo.

Amaneceres y atardeceres
coloreando nubes en llamas.
Brillos rojizos reflejándose en mis ojos.
Y por muchas fotos que haga
no soy capaz de guardar los colores en una caja.

Sensaciones de infinidad,
de belleza, de paz.

Desvaneciéndose la cualidad onírica
de un saludo y una despedida,
tan fugaz, tan eterna,
recién encontrada y recién perdida.

El cielo y las nubes
cambian de color en unos minutos,
haciendo sonreír a Dios
cuando nos damos cuenta
de la belleza del mundo.

Serendipia

«Hallazgo afortunado e inesperado que se produce
cuando se está buscando otra cosa distinta».

Y el destino, sereno
e inquebrantable, sigue su curso.
La razón, incrédula, frunce el ceño
cuando se le cambian los planes.

Esperanzas sin cumplir
se desnudan de decepciones,
al darse cuenta de que el espejo
brilla con el reflejo de lo inesperado.

Las sorpresas juguetonas
le guiñan un ojo a los deseos
y la felicidad sonríe complacida.

El universo conspirando
te da lo que necesitas,
aunque no sea exactamente lo que querías.

Y sin prestarle
una excesiva atención a la razón,
los pensamientos se diluyen
en un lago de agradecimiento,
con el agua tan fría

que te llena de energía,
recordándote que aún estás viva.

Selenofilia

«Amor y fascinación por la luna».

Hipnótica, radiante,
inalcanzablemente bella.
Sonrisa, columpio de sueños y estrellas.

Quisiera mirarte
y que entraras en mi pecho,
para iluminarme
con esa blancura de nieve,
con ese brillo de ensueño.

Y tu luz me atraviesa
haciéndome vibrar dentro y fuera.

Qué atracción ejerces,
qué fuerza sutil y potente.
Cómo anhelo en vano ser dueña
de tu esplendor suave,
poder tocarte, olerte, probarte.

Y tú en el cielo, ocultando
o meciendo estrellas,
te burlas de mí
tan cercana, tan distante.
Como nubes de algodón,

sin ofrecer consuelo
por no poder dormirme en su regazo.

Las lobas te aúllan
llorando impermanencia,
los lobos te cantan
como regalo a tu belleza.

Y juntos nos bañamos en tu luz
robada, magnética,
bailándote las sombras
para celebrar tu eterno partir.

Inefable

«Algo tan increíble que no puede explicarse con palabras».

Así que el vacío, muy elegante,
le abre la puerta a la poesía del mundo
acompañada de don Grilencio,
que algo más excéntrico,
menos elegante y más rudo,
se convierte en la pareja perfecta
para jugar con Dios al escondite,
a piratas y a adivinar el futuro.

La inefabilidad le pide
al imperfecto lenguaje
que siga buscando, después de fracasar
en su intento de definición de lo indecible.

Y enmudece repentinamente, después
de buscar y no hallar más que apneas
para finalmente encontrar su respuesta
en la vacuidad, en el silencio
y en palabras inventadas.

Vaciándose de susurros,
una danza acuosa y resplandeciente
ruge iridiscente un silencio etéreo y frágil.
Bailando melodías eternas,

inmortalizando tormentas
de tímidos y aún escondidos paréntesis del ruido,
en ese vacío, donde Dios juega a crear sueños,
me encuentro.

Y me pierdo en vísperas de noches en vela
navegando en un barco pirata,
enfrascada de nuevo
en la eterna búsqueda
del tesoro más preciado,
donde naufragan, sin remedio ni rescate,
todos los deseos por descubrir.

Volviendo al fondo de esos mares
de diamantes y perlas,
rocas, corales y piedras
engalanando al poderoso inconsciente
y desterrándolo bajo la arena.

Corrientes y olas de palabras eternas
vomitan remolinos de conceptos sin sentido.
Y repentinamente enmudecen
frente al eco de un grito eterno
y se estremece todo aquello que
nos callamos por miedo a ser reprobados
por un silencio que cree tener la razón.

Y este juego sempiterno entre Dios,
poesía, gritos y silencios,
rodeados de burbujas, tortugas y oleajes,
le da sentido a mis pasiones y a mis torturas.
A mis deseos de describir
y apresar la belleza.
Le da sentido a la vida,
con todas sus flaquezas.

Y el futuro será como el pasado,
un poco transformado, mientras ahora
en el presente nos escondemos, jugamos y
buscamos tesoros y en vez de rezarle a Dios
entendimos que es mejor abrazarlo.

Limerencia

«Estado mental involuntario propio de la atracción romántica de una persona hacia otra».

Enamorada perdida
me busco en el deseo
y emborrachándome de placer
me pierdo entre tus dedos.

E insegura y temblorosa
tu magnetismo me atrae y
me descentra, respiro profundo.
Vamos poco a poco, me dices,
y mi mente asiente
y mi cuerpo se resiste
y mi corazón, latiendo fuerte,
se ríe de nosotros, como si acabara
de escuchar cualquier chiste.

Me marco pensando en el abismo
de nuestras heridas cayendo juntas
al vacío. Y vacío y deseo,
ofreciéndole un respiro a la muerte,
nos mantienen vivos
en una odisea conjunta
por escapar del dolor,
tratando, inútilmente, de poseer al amor.

Nuestras ganas de compartirnos la piel,
de apresar toda la belleza del mundo,
se refleja en tus ojos dentro de los míos;
y dentro de los míos, los tuyos
y toda la eternidad se empequeñece
frente a este segundo sin rumbo.

Pausando las ganas de comernos
nos respiramos las ansias,
ansias que mecen todas nuestras heridas.
Entre olas de rendiciones,
espejos de muertes y egos se desvanecen.

Y mientras te echo de menos
suspiro recuerdos,
me muerdo el labio,
me acaricio el pelo,
miro sin ver, con los ojos entreabiertos.

Y aunque el deseo
no nos ofrezca un lugar seguro,
seguro que mantendrá la llama
encendida para darle luz
a nuestros corazones,
para que nos abracemos los dolores
y nos sonriamos las penas.

Hablemos de todo lo que quieras,
tengamos claro lo que necesitamos,
por si se apagaran las luces
que podamos revisar acuerdos,
compartir miedos
y acariciar anhelos
de risas y sueños.

Intolerante

Soy intolerante al gluten,
a los azúcares refinados
y a la lactosa.

Intolerante a tolerar y a ser tolerada,
prefiero respetar y ser respetada.
Poner límite como sepa o pueda
y marcharme, o que me lo pongan a mí
y se vayan, sin culpa ni dilación,
a la mierda.

Soy intolerante a las promesas vacías,
intolerante a las mentiras,
a los discursos clasistas, homófobos y racistas.

Intolerante a las críticas que deconstruyen,
al odio enmascarando al miedo,
a la rabia, perpetuada por heridas mal curadas.

Intolerante al que habla y habla y no escucha,
al que no empatiza,
a los que dan consejos y recomendaciones gratuitas
sin ser queridas o pedidas.

Intolerante a tolerar y a ser tolerada,
prefiero respetar y ser respetada.

Intolerante a los gritos, las manipulaciones,
a los controladores, a la sobreprotección
y a todo tipo de maltratadores.

Intolerante a los que quieren
arreglar al otro cuando está roto,
por la incomodidad que les causa
no ser capaces de sostener sus propios agravios,
lesiones, penas, ultrajes y aflicciones.

Intolerante al victimismo,
a la figura de salvador,
al que hace bullying
o al que es un mero espectador.

Intolerante al buen talante
frente a moralidades insustanciales
y relativismos universales.

Intolerante a dogmas y verdades absolutas
causantes de dolor, culpa, muerte y angustia.
Intolerante a la ley del más fuerte
donde el bueno siempre pierde.

Intolerante al consumismo vacío,
a los excesos sin sentido,
a los que se aprovechan del ser humano
y sus infinitas flaquezas,
a los que miran el móvil en la mesa.

Intolerante a las etiquetas,
a las presiones sociales,
a mí misma limitándome para encajonarme.

Intolerante a la tortura y a la censura
atentando contra libertades ganadas
con sangre, sudor y lágrimas.

Dejemos de tolerar
apoyando un sistema que adormece la mente
para perpetuar la corrupción
y comodidad de los poderosos.

Porque la intolerancia es imprescindible
y el respeto a uno mismo y a los demás
se ha convertido en un trabajo
más que necesario, obligatorio.

No hay cicatriz, por brutal que parezca, que no encierre belleza.
Una historia puntual se cuenta en ella, algún dolor.
Pero también su fin.
Las cicatrices, pues, son las costuras de la memoria,
un remate imperfecto que nos sana dañándonos.
La forma que el tiempo encuentra
de que nunca olvidemos las heridas.

Piedad Bonnett

MIEDOS Y HERIDAS

Miedos

No es el miedo a estar sola
el que me eriza la piel de la nuca
como un susurro de viento helado.

No es el miedo del recuerdo
de abandono y rechazo
el que me acurruca
en el sofá llorándole a la almohada.

No es el miedo a no ser querida,
a estar sola, a no formar parte,
el que se me clava
como un puñal en el pecho.
No es el miedo a no existir,
a no ser nadie.

No es el miedo a que no me necesites,
a arrepentirme, a no atreverme.
A dejar pasar la vida
negando al miedo
y de tanto negarlo
darle más crédito.

Tengo miedo a que me quieras
y a que no me quieras.
Tengo miedo a que me necesites
y a que no me necesites.

Miedo a la muerte, miedo a la vida,
miedo al cambio y a quedarme estancada,
miedo al triunfo, miedo al fracaso.
Tengo más miedo a brillar
que miedo a la oscuridad.

Y todas mis dualidades
se contradicen, paseando juntas
agarradas de la mano,
susurrándole al pasado
sus ganas de abrir jaulas
donde ellas mismas se encerraron.
Y después de bailar un rato,
vuelan y se funden entre ellas,
desvaneciendo todos mis miedos
en un largo abrazo.

Aterrada

Y aterrizando aterrada
en tierra de nadie
me entierro hecha trizas
en terreno desconocido.

Y trozos de tierra enturbian
un charco de barro trillado
trazando treinta y tantos
largos y entrelazados tramos
de tiempo y de tintas aterradas
que, torpemente, atracan en papeles
de flores turquesas.

Tarrinas de helado
sabor turrón me transportan a
tientas por tiempos transparentes.

Trozos de troncos río abajo
enturbian el agua,
atrincherándose unos contra otros.

Y trompetas a lo lejos
siguen atormentando a trompicones
a terrícolas insatisfechos,
que andan a tientas,
enterrados entre terribles tentaciones.

Y deshaciéndome en terremotos
de tremendos temblores,
aterrizo aterrada en tierra de nadie.

Me visto de negro

Me visto de negro para no brillar
absorbiendo luz, soy oscuridad.

Me visto de negro
porque la elegancia sin colores
oculta las manchas.

Me visto de negro
escondiendo tristezas
tras una sonrisa que busca compañía.

Me visto de negro
como una noche sin luna, sin estrellas,
caminando entre
linternas rotas y derretidas velas.

Me visto de negro
sin estampados que llamen la atención
dc los payasos hipócritas,
de la alegría sin sombra.

Me visto de negro
con los ojos cerrados,
soñando con bañarme
en el mar, una noche sin faros.

Y descubro que en esta
oscuridad mía
estallan, sin hacer ruido,
todas las luces de mi vida.

¿Puedo?

Sigo sintiendo que debo pedir permiso,
tan solo para que asome un atisbo
de autenticidad en mi voz.

Una voz que se me achica
y temblorosa pide permiso
para ocupar su lugar en el mundo.

¿Puedo?

Y el permiso no se me concede
hasta que no se alza la abatida,
la dolida que se esconde
detrás de una coraza de miedos y rabias.

Que desaparece debajo
de una manta de culpa
por ser quien es,
por no dejarse ver,
no dejarse ser.

Por ser ya adulta y responsable
de no dar permiso
a la auténtica.
Por no abrirle la puerta
a la vulnerable fiera.

Y es que aún estoy juntando
pedacitos de mí
que, con cuidado e inconsciencia,
separé y escondí.

Y esos pedazos se despiertan,
se impacientan revolucionándose en mis tripas,
en respiraciones profundas,
que saben a venganza,
a desdén, a media sonrisa.

Ojos entreabiertos hurgan
mis adentros,
me muerdo las uñas y callo.

Así lleno mi pecho
de cárceles y secuestros.
Y amordazando algunas partes
me encarcelo, e incompleta
me trago las llaves.

Esos pedazos de mí
que no permito que sean
son los que juzgan
a los que sí dejo salir.

Envidiosas me señalan
las carencias de autoridad, autenticidad,

de límites y verdad.
Me obligan a mirar hacia otra parte,
a compararme, a no compartirme,
a menospreciar y dejar de brillar.

E imponiendo orden entre ellas,
entre todas las fieras,
las hago callar.
Les digo que las amo y las abrazo,
ahora sí, sin dudar.

Mientras comprendo
su eterno aprendizaje
de supervivencia frente
a miedos e inseguridades.

Necesitando mantenerse a flote
sobre bases de lodo y cristales,
cristales transparentes e inestables.

Espcjos quc rcflcjan
estados de alerta y tristeza
entrelazando redes neuronales
inútiles, hojas caducas
esperan vientos de confianza,
seguridad y amor para dejarse caer
sobre un manto de curiosidad e ilusión.

¿PUEDO?

Y sí, sí PUEDO.

Cicatrices

Mis cicatrices son los tatuajes de la resistencia.
Mis pies, mis tropiezos; mi piel, mis cicatrices.
Las cicatrices no duelen tanto
como una herida abierta,
pero aún están tan sensibles.

Las heridas son brechas
por donde entra la luz.
Y ahora piel y corazón translúcidos,
sensibles a superficies rugosas
y a azotes de palabras agresivas,
se estremecen al verse acariciados por músicas
compasivas, por miradas de perdón.

Ya sin fijar mi atención
en lo que hacen los otros,
todo lo que decido o dónde pongo el foco,
es fuente de curación.

Las cicatrices no duelen tanto
cuando pongo todos mis escudos
porque la herida aún está sanando.

Niños, niñas, los y las soldados,
se enorgullecen mostrando sus cicatrices,
y yo ¡y todes! Madres, hijos y padres.

Sintámonos arropados con las enseñanzas de cada caída,
resignificando cada grieta, cada herida.

Como moldea el paso del agua a la roca,
moldea el paso del tiempo a la piel.
Abuelos, abuelas, seas quien seas
muestra con orgullo cicatrices, estrías y arrugas.

Las cicatrices no duelen tanto
después de un tiempo,
pero aún están tan sensibles,
que de una gota de rocío
llenaría una bañera de lágrimas.

Y con tiempo y muchos cuidados
las cicatrices no duelen tanto.

Con chupitos, tazas y cazuelas de amor
contrarrestando malos tragos,
acariciadas por susurros de olvido,
me permito bajar las armas
y dejar soplar a vientos de esperanza.

Las cicatrices no duelen tanto ya,
aunque el miedo a que me duelan de nuevo
sigue acompañándome los pasos
tan sensibles a las ganas, al dolor,
a la belleza, a la desilusión.

Y me sigo protegiendo,
sin abrirme de piernas ni corazón,
hasta que las cicatrices no duelan tanto
y florezca de nuevo el amor.

Y aquí y ahora me desnudo,
sintiéndome de nuevo llena de mí,
completa de todas mis carencias.

Y en el silencio del mundo
se van perdiendo, una a una,
todas las notas de melodías sin rumbo.

La vulnerabilidad no siempre me ayuda
a enfrentarme al día a día,
más bien me sirve de guía
para seguir mi proceso.

Qué largo parece cuando duele
y qué poco valoramos a veces
no solo lo importante de estar ya curados,
sino las lecciones de las heridas,
de las que querríamos ni acordarnos.
Da gracias por tus cicatrices
porque son la prueba
de que el pasado fue real.

Mis pies, mis tropiezos.
Mi piel, mis cicatrices.
Mis ojos cerrados, mis sombras.
Mis melodías perdidas serán mi nuevo rumbo.

La crisi dels 40

I jo que pensava que mai tindria
la crisi dels 40.
Jo que predico que
fer-se adult i antic és bo.
Visca les arrugues i les canes!

Que l'experiència és
humilitat i tranquil·litat
perquè vas aprenent
que res és tan important,
que tot comença,
que tot acaba.
I de cop m'envaeix
una sensació de vertigen,
de frustració i autocompassió.
De cop m'adono
que mai tornaré a ser jove.
Que m'ha passat mitja vida
sense fer ni la meitat de coses
que havia imaginat.
I començo a veure una pel·lícula al cap
de les oportunitats que vaig deixar escapar
o totes les vegades que em vaig equivocar.
I deixo anar un sospir,
millor no pensar en el que no pots canviar,

i llavors el mirall em retorna una imatge
amb la que no em sento identificada.
I em miro les mans i estan arrugades
i la gravetat no m'importava,
fins que veig que els pits em cauen.
Ja no tornaré a lligar, penso.
I el meu ex estar amb una noia que té 25 anys.
I el pitjor de tot és que torno a estar sola
i encara tinc il·lusió per casar-me.
Quina vergonya, que no em senti la meva filla queixar-me,
que haig de ser exemple
de dona moderna i empoderada.
I millor no pensar en aquestes coses,
però he deixat la feina
perquè no em sentia realitzada
i tinc massa temps per pensar
i no tinc ni diners
per comprar una mica de falsa felicitat.
I jo que pensava
que mai tindria la crisi dels 40.
Jo que predico que
fer-se adult i antic és bo.
Visca les arrugues i les canes!
Que l'experiència és
humilitat i tranquil·litat
perquè vas aprenent
que res és tan important,
que tot comença i acaba,

i la vida i jo seguim sent
tan precioses abans com ara.
I la veritat és que
tampoc estic tan malament encara.
La veritat és que
me l'esperava més complicada la crisi dels 40.

La crisis de los 40

Y yo que pensaba que nunca tendría
la crisis de los 40.
Yo que predico que
ser adulto y antiguo es bueno.
¡Que vivan las arrugas y las canas!
Que la experiencia es
humildad y tranquilidad
porque vas aprendiendo
que nada es tan importante,
que todo empieza,
que todo acaba.
Y de repente me invade
una sensación de vértigo,
de frustración y autocompasión.
De repente me doy cuenta
de que nunca más volveré a ser joven.
Que se me ha pasado media vida
sin hacer la mitad de cosas
que había imaginado.
Y empiezo a ver en mi cabeza una película
de todas las oportunidades que dejé escapar
o de todas las veces que me equivoqué.
Y suelto un suspiro,
mejor no pensar en aquello que no puedes cambiar,
entonces el espejo me devuelve una imagen
con la que no me siento identificada.

Y miro las manos y están arrugadas
y la gravedad no me importaba,
hasta que veo que los pechos se me caen.
Ya no volveré a ligar, pienso
Y mi ex está con una de 25 años.

Y lo peor de todo es que vuelvo a estar sola
y aún tengo la ilusión de casarme.
Qué vergüenza, que no me oiga mi hija quejarme
que tengo que ser ejemplo
de mujer moderna y empoderada.
Y mejor no pensar en estas cosas,
pero he dejado el trabajo
porque no me sentía realizada
y tengo mucho tiempo para pensar
y no tengo dinero
para comprar un poco de falsa felicidad.

Y yo que pensaba que nunca tendría
la crisis de los 40.
Yo que predico que
ser adulto y antiguo es bueno.
¡Que vivan las arrugas y las canas!

Que la experiencia es
humildad y tranquilidad
porque vas aprendiendo
que nada es tan importante,

que todo empieza y acaba,
y la vida y yo seguimos siendo
tan preciosas antes como ahora.

La verdad es que
tampoco estoy tan mal todavía.
La verdad es que
me la esperaba más complicada la crisis de los 40.

Etiquetes

Em piquen les etiquetes
siguin noves o velles,
per molt que em rasco
no es calma la molèstia.
Em piquen les etiquetes,
les tallo i tornen a créixer,
siguin acolorides o en blanc i negre.
Algunes m'ajuden a aconseguir el que vull,
altres em frenen.
Siguin com siguin
em piquen les etiquetes.
I l'etiqueta se'm clava al pit,
al bell mig com una xinxeta,
una xinxeta que em travessa
i em deixa penjada a la paret,
al costat de les fotos familiars
que encara no he tingut esma de posar.
Em pica l'etiqueta de nena consentida,
l'etiqueta de qui acostumava
a ser la petita de la casa.
L'etiqueta d'irresponsable i despistada,
de no saber què vull ser,
de no tenir una feina estable.
L'etiqueta de ets molt sensible,
la de no saps estar sola,
l'etiqueta d'haver de ser

un exemple de dona
treballadora i forta.
L'etiqueta de mare soltera,
de divorciada, de separada,
de hippie i de rara.
De tant rascar-me
ja començo a estar cansada.
Em piquen les etiquetes,
siguin noves o velles,
per molt que em rasco
no es calma la molèstia.
L'etiqueta de desordenada,
de vaga, de bohèmia,
d'artista, de flipada.
L'etiqueta se'm clava al pit
com una fletxa
que no em travessa
perquè el cor la para
xiuxiuejant-me
que no estic feta de paraules.
I a poc a poc estiro un fil,
gaire ve transparent,
que va desfent l'etiqueta
i em desidentifica.
I m'escric noves etiquetes
amb tinta invisible,
que m'ajudin a estimar-me millor
i a comprendre què i qui
sóc i no sóc jo ara.

Etiquetas

Me pican las etiquetas,
sean nuevas o viejas,
por mucho que me rasco
no se calma la molestia.
Me pican las etiquetas,
las corto y vuelven a crecer,
sean coloridas o en blanco y negro.
Algunas me ayudan a conseguir lo que quiero,
otras me frenan.
Sean como sean
me pican las etiquetas.
Y la etiqueta se me clava en el pecho,
en medio como una chincheta,
una chincheta que me atraviesa
y me deja colgada en la pared,
junto a las fotos familiares
que aún no he tenido ánimo de colgar.
Me pica la etiqueta de niña mimada,
la etiqueta de quien acostumbraba
a ser la pequeña de la casa.
La etiqueta de irresponsable y despistada,
de no saber qué quiero ser,
de no tener un trabajo estable.
La etiqueta de eres muy sensible,
la de no sabes estar sola,
la etiqueta de tener que ser

un ejemplo de mujer
trabajadora y fuerte.
La etiqueta de madre soltera,
de divorciada, de separada,
de hippy y de rara.
De tanto rascarme
ya empiezo a estar cansada.
Me pican las etiquetas,
sean nuevas o sean viejas,
por mucho que me rasco
no se calma la molestia.
La etiqueta de desordenada,
de vaga, de bohemia,
de artista, de flipada.
La etiqueta se me clava en el pecho
como una flecha
que no me atraviesa
porque el corazón la para
susurrándome
que no estoy hecha de palabras.
Y poco a poco estiro un hilo,
casi transparente,
que va deshaciendo la etiqueta
y que me desidentifica.
Y me escribo nuevas etiquetas
con tinta invisible,
que me ayuden a quererme mejor
y a entender qué y quién
soy y no soy ahora.

Huimos hacia mil direcciones.
A todos nos persigue
la misma luna.

Alejandro Jodorowsky

DELIRIOS

Los delirios son arquitectos de mundos
donde las reglas son solo sombras danzantes.

Buscando un título

Atravesando secretos,
delirios y muertes,
pensado en un título,
llorando aceite.

Viviendo efimeridades infinitas,
descalculando mi vida,
desazones me queman entre los pechos.

Triste y cansada
ahora sé lo que quiero,
pero no cómo hacerlo.
¿Soy suficiente?

Debería aplaudirme a mí misma
y trazar un plan.
Sc mc da fatal organizarmc,
tengo tantas ideas que no he hecho nunca
que se me amontonan en la cabeza
hasta que me aplastan las ganas.

Atravesando Laia land,
las palabras juegan a explicar la belleza,
mientras las heridas sangran perdón.

Los delirios me regalan la fiebre
necesaria para hablar de
vida, amor y muerte,
como si estos pudieran entenderse.

Paseando estrellas

Hoy siento en el corazón
un vago temblor de estrellas,
y va creciendo y creciendo
hasta que me nubla la vista y
me doy tan fuerte contra
el muro de las lamentaciones
que decido salir a pasear estrellas.

Y mirando al cielo, constelando brillos
objetivicé mi pensamiento
hasta perder su objetivo.
Pienso que no soy muy buena
cumpliendo promesas,
porque entre reclamo y reclamo
me olvido de lo prometido.

¿Os habéis dado cuenta
de que parece que nunca
les faltan razones a algunos
para justificar estupideces?

Así que en mi dificultad
por posicionarme,
por ser una eterna amante de lo ambiguo
y aborrecer profundamente los fanatismos,
me hago la tonta y sonrío.

Algunas veces cuando me canso
de darle vueltas a las cosas
sin encontrar soluciones fáciles,
como poner normas absurdas
para contentar miedos,
envidio a la gente de derechas
o a todos los ismos por tener
las cosas tan claras
y la mente tan estrecha.

No se puede hablar
de ciertas muchas cosas con ellos
pero qué orgullo, qué ideales,
cómo se les infla el pecho
como un pichón en celo.

Y así unos contra otros se crecen tanto
que las piernas se les rompen
y al caer pierden la cabeza.
Que se convierten en balones de futbol
distrayendo y validando a sus demonios.

Alzando bien alto las banderas al vuelo
donde depositan su amor,
vomitando rabias que esconden sensibilidades heridas
y manchándose de desidia y alcohol,
mañana será un nuevo día.

Cuando me doy cuenta
de que demasiadas explicaciones
se alzan frente a mí
construyendo muros de hielo,
respiro y me rio o me callo de golpe
y frunciendo el ceño
me percato de que alguna flaqueza
le estará pinchando al ego
y le termina por doler al orgullo.

Y cuando me pregunto
¿por qué hay aún tanto odio
y miedo en nuestro mundo?
Aprendí que las respuestas más fiables,
a preguntas casi incontestables,
las encuentro mirándome muy adentro.

Y vi que mis odios, envidias y rabias
son un muro hecho de escudos
respondiendo a miedos, a instintos encarcelados,
a mil cosas que tuve que callar y cambiar
para sentirme segura y querida para encajar.

Y si no me permito hacer lo que quiero y veo que otros sí,
en vez de quitarme el sombrero y aplaudir,
bajo la mirada, meneo la cabeza
y siento hacia el otro el rechazo que siento hacia mí
por no atreverme a ser yo quien auténtica este allí.

Cuando me estoy ahogando en un huracán
destructivo, en un bucle mental sin sentido
que se activa cuando hay dolor,
respaldando al ego y al tener razón,
salgo a caminar y me doy un baño de bosque,
y lloro y la mente calla y el viento respira
y los árboles brillan y sola, en plena naturaleza,
me invade una sensación de rendición,
de amor puro, de belleza y compasión.

Como encontrar un colchón de plumas
en el fondo de un pozo,
y si me dejo caer y caer pese al miedo a sufrir,
y caigo y lo siento todo y llego al fondo
y veo que en esa oscuridad profunda solo hay luz.

Y siento ese amor
que envuelve y atraviesa todo
y el agua me devuelve el reflejo
y veo que ese amor soy yo,
que ese amor eres tú.
Y me lleno de ganas
de salir a pasear estrellas

Quimeras

Quimeras acompañando
aguas estancadas.
Emociones bailando
dentro de bombas de relojería.

Sin tictac acompasando el tiempo,
un reloj de arena se rompe
y me ciega un ojo.

Ojeando despojos
entreabriendo una catarsis.

No se caerá una ficha, no.
No habrá efecto dominó.
Ni sorpresiva epifanía.

Dolor y alegría
estallan de placer.
Exhausta ya sin ser,
todo es lo mismo
y no lo es.

Qué bueno dudar

«La duda es un dolor demasiado solitario como para saber que la fe es su hermana gemela».

Qué bueno dudar,
qué liberador no saber.
La inocencia y la humildad
de hombros y cejas ascendentes,
de unas manos hacia el cielo
que parecen esperar
y dar al mismo tiempo.

Qué bueno dudar,
qué liberador no saber.
Y dejar de ser esclavo
de las certezas
que te encadenan a tus creencias,
que se enmascaran de orgullo,
que te inflan de ego,
te matan la curiosidad
y te inmovilizan las ganas de cambio.

Qué bueno dudar,
qué liberador no saber
que las verdades cuelgan
de hilos transparentes
modelando puzles imposibles en el aire.

Aunque tampoco estoy
segura del todo de
que tan bueno será dudar
o que tan liberador el no saber.

Azulejos rotos

Ruinas grabadas a fuego
cultivan lombrices anónimas
rompiendo sueños,
fertilizando esperanzas.
Vuelven vuelos azulando el suelo,
suelos rotos con agujeros boca arriba.
Quisiera caer,
pero ya no hay gravedad
que me sostenga.
Y aun así, sin sentido,
lo desentiendo mejor.
Verdades luchando mentiras
ya saben que ni unas
ni otras aciertan.
Reposa mi inconsciencia
alejando angustias de días sin espejos.
Rúculas pintan de verde palabras
dentro de cuencos vacíos,
tibetando montañas demasiado altas
para ser escaladas.
Escaleras al revés, flotando
en espirales ascendentes,
me llevan debajo de azulejos rotos
donde ruinas grabadas a fuego
cultivan lombrices anónimas
rompiendo sueños
y fertilizando utopías surrealistas.

Desidentifica´t

Desprograma't,
qui ets tu, ara?
Què vols?
De veritat, què vols?
Per què no ho fas?
Treu l'àncora,
obre les ales,
tira't al vuit,
que el fracàs no existeix
si no et dones per vençuda,
tot és aprenentatge.
Qui tria per tu?
Confia
en el teu cor,
en aquestes ganes,
aquesta passió.
Qui ets tu ara?
De veritat,
què vols?
No ho sé,
moltes coses,
massa complicades,
tinc una filla i...
Para,
calla,
escolta't, què sents?

Segueix per aquí i posa
la ment al servei,
però no al servei d'un altre.
Constància.
Paciència.
Tens por?
Està bé, segueix, tu pots,
el que és nou sempre fa por.
I si no ho faig bé?
Ja n'aprendràs.
Endavant.
Necessito ajuda.
Perfecte,
demana-la,
que mai és tard
per fer el que t'agrada.

Desidentifícate

Desprográmate,
¿quién eres tú ahora?
¿Qué quieres?
De verdad, ¿qué quieres?
¿Por qué no lo haces?
Saca el ancla,
abre las alas,
tírate al vacío,
que el fracaso no existe
si no te das por vencida,
todo es aprendizaje.
¿Quién escoge por ti?
Confía
en tu corazón,
en estas ganas,
esta pasión.
¿Quién eres tú ahora?
De verdad,
¿qué quieres?
No lo sé,
demasiadas cosas,
demasiado complicadas,
tengo una hija y...
Para,
calla,
escúchate, ¿qué sientes?

Sigue por aquí y pon
tu cabeza al servicio,
pero no al servicio de otro.
Constancia.
Paciencia.
¿Tienes miedo?
Está bien, sigue, tú puedes,
lo nuevo siempre da miedo.
¿Y si no lo hago bien?
Ya aprenderás.
Adelante.
Necesito ayuda.
Perfecto,

pídela,
que nunca es tarde
para hacer lo que te gusta.

Nube y estrellas

Y de una nube
lloran estrellas.
El cielo negro
se quedó sin ellas.
Brillando chispas
el suelo tuvo que bailar,
esquivando fuegos artificiales,
desvaneciéndose en humo,
esperanzas y pesares.
Respirando azufre
se queman todos mis miedos
y el viento se lleva
todo el humo de mis sueños.
Tendida en el suelo
miro el cielo vacío, negro,
cielo de silencio
y paz eterna.

Fruita

A mi no me la coles,
a mi no fa falta que em colis.
Vinc amb polpa,
densa i espessa,
que se't queda entre les dents,
de vegades.
El meu suc ve amb tot inclòs,
no li falta fibra perquè facis
una bona digestió.
A mi no em pelis,
perquè fins i tot la pell
és perfecte per endolcir
les postres.
Sense colorants ni conservants,
sense filtres, així, tal qual.
M'accepto completa,
amb suavitats,
amb asprors,
per si et ve de gust,
et deixo i t'atreveixes,
tinguis una experiència
realment autèntica,
si em mossegues.

Fruta

A mí no me la cuelas,
a mí no hace falta que me cueles.
Vengo con pulpa,
densa y espesa,
que se te queda entre los dientes,
a veces.
Mi zumo va con todo incluido,
no le falta fibra para que tengas
una buena digestión.
A mí no me peles,
porque hasta la piel
es perfecta para endulzar
los postres.
Sin colorantes ni conservantes,
sin filtros, así, tal cual.
Me acepto completa,
con suavidades,
con asperezas,
por si te apetece,
te dejo y te atreves,
tengas una experiencia
realmente auténtica,
si me muerdes.

Navegar la danza

Me respiro el agua
y la tierra me ancla al aire
con brazos y piernas dibujando pinceladas
de espirales,
de infinito,
de equilibrios
y articulaciones vivas
que quieren acariciar auras.

De piel que quiere tocar y ser tocada.
Y atravesar el aire entre cuerpos,
y apoyarse entre músculos y huesos.

Mirando el agua, el suelo del barco
va meciendo tus alas.
Mirando al cielo
te guían las estrellas,
mirando al horizonte
un mar de ojos,
almas bellas.

Sostente,
sostente,
confía,
confía,
pinchito cósmico,

juega al goce de lo sutil,
a amasar tensiones,
a cuidarte mucho en tu entrega,
a rendirte frente a ti misma,
a dejarte llevar por cada momento
con tu cuerpo de timón y vela.
Navega
Navega
Vuela
Vuela
El aire de tus pulmones te lleva.
Inspira y expándete,
expira y desenrédate,
y cae, protégete,
abrázate y vuelve a inspirar vida,
muévete, nada, sumérgete, flota.
Vuelve a expirar muerte, suelta, ríndete.

Escucha, sin hacer,
y bien atento y sin buscar,
la acción te encuentra
entre silencios,
entre pausas en movimiento.

Puro goce habitar el cuerpo,
compartir campos energéticos.
Navegar entre raíces compartiendo peso,

y juntos inventamos ejes.
Y juntos encontramos el tesoro
que estuvo siempre escondido
en tus bolsillos sin costuras.
Pinchito cósmico,
cómo perder el norte
si tu cabeza es la estrella polar.
Y tus pies raíces móviles
y tu corazón de bruja
la brújula del mar.

Para mi corazón basta tu pecho,
para tu libertad bastan mis alas.
Desde mi boca llegará hasta el cielo
lo que estaba dormido sobre tu alma.

Pablo Neruda

AMORES

Jardín de ganas

Qué ganas de que me huelas,
de que me recojas de en medio del campo
y me escojas de entre todo el ramo.

De que me soples los deseos,
de que me hagas lo que la primavera
le hace a las rosas blancas y rojas.

De que me beses como
las mariposas a las flores,
de que me riegues de sonrisas
y lluevan carcajadas.

Jugar a retarte, retarme a conocerte.
Leernos los poemas,
escribirnos las ganas.

Inventarnos historias
de noches frente al mar,
de lunas, piratas, sirenas y boyas.
Compartir piel de gallina
y toalla entre temblores.

Bailarme, contigo de cómplice.

Saboreando la sutileza de la incertidumbre,
un interrogante anhela la espera
columpiando preguntas sin hacer.

He plantado mis semillas
en el jardín de las primeras veces,
deseando explorar tus secretos
y empezar a conocerte.

Qué ganas de que las escaleras
se deshagan en muros de piedras,
leyendo en voz alta:
—La perfección imperfecta.

De que un árbol nos pida jugar
y, anidados en su copa,
nos abramos en canal.

Mecidos por la escucha
de ojos, empáticos y curiosos
que, sin esperarlo, se reconocen
en el espejo mágico del otro.

Y yendo a un lugar para pasear
aparece otro distinto
y cuando ya no queremos llegar
vemos que estaba allí desde el principio.

De que me congeles el discurso,
de que te escapes del hielo
y lo rompas con cerezas en un gorro negro.

Qué ganas de comer contigo
al cobijo de los pinos
y nos rindamos mientras
me cuentas tus caricias,
y yo los cuentos te acaricio.

Mi ropa a juego con el paisaje,
tus ojos a juego con raíces, tierra y árboles.

Se me juntaron los deseos
y lo que ya sucedió,
mientras escribo lo que
quiero que pase y lo que ya pasó.

Regalos y flechas

Tus bailes, tu risa,
caricias, verdades a medias
envueltas de prudencia.

Tu sosiego busca
a mis desafiantes anhelos,
anhelos de todo,
de ti y de mí.

Mis ojos rojos
se derraman
tratando de entender
tus frenos.

Mis palabras de fuego,
dolor, flecha y entendimiento
se clavan en tu pecho.

Abriendo regalos
llenos de contradicciones,
amor y miedo.

De ganas y sueños,
de querer ser auténtico.
Llenos de todo
lo que queremos,

llenos de todo
lo que ya tenemos.

Sóc la vida

Sóc la vida aprenent a estimar.
Sóc l'amor aprenent a viure.

No hi ha errors innecessaris,
no hi ha caigudes inútils.
Cada vegada caic millor,
i no parlo pas de caure en gràcia,
tot i que no sempre sigui tan senzill aixecar-me.

No sóc amable perquè m'estimin
si no per jo estimar-me
i així escolto el que necessito,
escolto el que vull,
no des de fora
si no des de dins.

Buscant respostes abraço arbres.
Pregunto i ningú contesta.
I així, en el silenci,
la resposta em troba.

Tinc fe i confio
però no espero resistència
ni sóc confiada.
Si em troben l'entusiasme,
la passió i les ganes,

entenc que segueixo al meu cor
i Déu estar darrere la causa.

Vull ser autèntica i genuïna
sense trepitjar ni ser trepitjada,
perquè els qui no volen
el bé pels altres
no han entès el que és estimar-se,
una cosa tan senzilla
com que tu i jo som nosaltres.

Estimo a la vida i ella em correspon,
no m'escapo del dolor,
la mort i el seu dol.
La pèrdua i la transformació
són necessàries perquè comenci algú nou.

Final i principi passegen
per la vora del mar
mullant-se els peus de llàgrimes.

Vida i mort, caminant per la carena,
miren juntes horitzons de muntanyes
amb sol, terra, pluja i vent
que els acompanyen.

I l'amor és el fil invisible
que tot ho lliga,
i aquest fil ets tu.

Ets la vida a aprenent a estimar.
Ets l'amor aprenent a viure.

Soy la vida

Soy la vida aprendiendo a querer.
Soy el amor aprendiendo a vivir.

No hay errores innecesarios,
no hay caídas inútiles.
Cada vez caigo mejor,
y no hablo de caer en gracia,
aunque no sea siempre tan sencillo levantarme.

No soy amable para que me quieran
si no para quererme yo
y así escucho lo que necesito,
escucho lo que quiero,
no desde fuera
si no desde dentro.

Buscando respuestas abrazo árboles.
Pregunto y nadie responde.
Y así, en el silencio,
la respuesta me encuentra.

Tengo fe y confió
pero no espero resistencia
ni soy confiada.

Si me encuentran el entusiasmo,
la pasión y las ganas,
entiendo que sigo a mi corazón
y Dios está detrás de la causa.

Quiero ser auténtica y genuina
sin pisar ni ser pisada,
porque los que no quieren
el bien para otros
no han entendido lo que es quererse,
algo tan sencillo
como que tú y yo somos nosotros.

Quiero a la vida y ella me corresponde,
no me escapo del dolor,
la muerte y su duelo.
La pérdida y la transformación
son necesarias para que empiece algo nuevo.

Final y principio pasean
por la orilla del mar
mojándose los pies de lágrimas.

Vida y muerte, caminando por la cresta,
miran juntas horizontes de montañas
con sol, tierra, lluvia y viento
que los acompañan.

Y el amor es un hilo invisible
que todo lo une,
y este hilo eres tú.

Eres la vida aprendiendo a querer.
Eres el amor aprendiendo a vivir.

El secreto

El secreto de este amor
se encuentra en la noche sin luz,
en el tintineo incesante de una estrella,
en el silencio de una hoja
cayendo a cámara lenta.
El secreto de este amor
está en mí sin ti.
Aun con miedo
por las calles sin luz,
aun sin que cese el recuerdo
del parpadeo de tu brillo,
que viene y va.
Aun en el silencio
de mis muertes,
cuando te vas.
El secreto de este amor
está en los contrastes,
jugando a evidenciar
que no hay contrastes,
que cuanto más se alejan
más cerca están de tocarse.
Que de tan frío quema,
que si dejo de remar la corriente me lleva,
que tu corazón es el amor
de toda la creación

y el mío el vacío donde se sostiene,
y en cada respiración cambiamos roles.
Entrelazándonos en toroides infinitos,
que parece que se partan y desaparezcan,
sin tu aliento empañándome los labios.
Sin tu risa pintando el aire.
Sin tu abrazo derritiéndose en mi cuerpo.
Hay un canto de sirena
vacío del anhelo de ser escuchada,
que se diluye como la miel
en los lagos que se estancan,
que agujerea el fondo para que corra el agua,
endulzando esperas y deseos,
renovando cada trago
que bebo y me sana,
bailando los vaivenes de mis olas eternas.

El ball del fanalet

Els més joves i els més grans
es preparen per anar al ball.
Els més joves i els més grans es preparen.

Els més joves amb l'emoció
i l'expectació de les primeres vegades.

I les mares i els pares
també es preparen,
amb un ull pendent de la canalla.

Els més grans amb la il·lusió
de no saber si serà
l'última vegada.

I jo vull ballar el ball del fanalet amb tu,
com si fos la primera vegada,
i veure com va cremant la flor
i que mai se'ns apagui la flama.

I jo vull ballar el ball del fanalet amb tu,
com si fos l'última vegada.

El baile del farolillo

Los más jóvenes y los más viejos
se preparan para ir al baile.
Los más jóvenes y los más viejos se preparan.

Los más jóvenes con la emoción
y la expectativa de las primeras veces.

Y las madres y los padres
también se preparan,
con un ojo puesto en los hijos.

Los más mayores con la ilusión
de no saber si será
la última vez.

Y yo quiero bailar el baile del farolillo contigo,
como si fuera la primera vez,
y ver cómo se va quemando la flor
y que nunca se nos apague la llama.

Y yo quiero bailar el baile del farolillo contigo,
como si fuera la última vez.

Pol i Bruna

Dues vegades he perdut algú
que mai he vist.

I el dol se m'ha fet estrany
per no saber del tot
a qui estava enyorant.

I el dolor i la pena seguien
i no entenia del tot
com o de qui acomiadar-me.

Una pèrdua decidida
però no meditada
perquè m'era impossible
pensar-hi massa.

La vida em crida
des del més profund
de les entranyes.

I l'impuls d'amor
m'infla el cor
i la raó, la realitat
i les circumstàncies
me l'apaguen.

I quan l'espelma es fon
la foscor del dolor
em reclama,
i l'esperança marxa,
i sento que s'han emportat
un tros de la meva ànima.

Llavors m'invento
una manera d'acomiadar-me
posant noms a les dues
flames, imaginant-me
el meu amor fet nen i nena,
i així els hi puc escriure aquestes paraules:

Pol i Bruna,
us imagino caminant
agafats de la mà.
Sou germans de diferent pare
i ja fa temps que vau marxar.

Pol, tu ja tens 17 anys.
Alt, amable, ros, ulls verds,
mans fortes i mirada clara.

Bruna, tu en tens 5,
morena, moguda,
dolça, una mica tossuda
i un riure d'aquells que enganxen.

Us miro feliç,
amb el cor en calma,
amb pau a l'ànima.
I us acompanyo jo
i també us acompanyeu
l'un a l'altre.

I desitjo que totes les mares i els pares
que passem per això
puguem acomiadar-nos
amb el temps, sense culpa,
amb dolor i acceptació.

Inventant històries, o no.
Amb algun ritual.
Potser amb un animal
que els protegeix i els acompanya.

I que l'amor t'abraci
totes les pèrdues
i t'empenti suaument
cap a tu mateix,
i puguis respirar
el que genuïnament sents,
i puguis respirar qui de veritat ets.

Pol y Bruna

Dos veces he perdido a alguien
que nunca que visto.

Y el duelo se me ha hecho extraño
por no saber del todo
a quién estaba añorando.

Y el dolor y la pena seguían
y no entendía del todo
cómo o de quién despedirme.

Una pérdida decidida
pero no meditada
porque me era imposible
pensarlo demasiado.

La vida me llama
desde lo más profundo
de las entrañas.

Y el impulso de amor
me llena el corazón
y la razón, la realidad
y las circunstancias
me la apagan.
Y cuando la vela se derrite

la oscuridad del dolor
me reclama,
y la esperanza se va,
y siento que se han llevado
un trozo de mi alma.

Entonces me invento
una manera de despedirme
poniendo nombre a las dos
llamas, imaginándome
mi amor hecho niño y niña,
y así puedo escribirles estas palabras:

Pol y Bruna,
os imagino caminando
cogidos de la mano.
Sois hermanos de distinto padre
y ya hace tiempo que os fuisteis.

Pol, tú ya tienes 17 años.
Alto, amable, rubio, con los ojos verdes,
manos fuertes y mirada clara.

Bruna, tú tienes 5,
morena, movida,
dulce, un poco tozuda
y con una risa de esas que se enganchan.

Os miro feliz,
con el corazón en calma,
con paz en el alma.
Y os acompaño yo
y también os acompañáis
el uno al otro.

Y deseo que todas las madres y padres
que pasamos por esto
podamos despedirnos
con tiempo, sin culpa,
con dolor y aceptación.

Inventando historias, o no.
Con algún ritual.
Puede que con algún animal
que los protege y los acompaña.

Y que el amor te abrace
todas las pérdidas
y te empuje suavemente
hacia ti mismo,
y puedas respirar
lo que genuinamente sientas,
y puedas respirar quien de verdad eres.

Estic enamorada

Estic enamorada de les teves mans,
de la teva mirada,
les celles gruixudes i negres,
la nou que et surt quan busques respostes a l'aire.
De la teva arracada.

De dalt a baix estic enamorada;
del teu somriure amb les arrugues als ulls,
de la dolçor de la teva veu, com et mous, com balles,
de la teva alçada.

De la teva espatlla,
dels pectorals, al mig el melic,
i de la teva panxa.

De les teves passions,
els nostres petons,
els jocs, balls,
la visceralitat, les flames.
Amb la seva llum, cendra
i foscor quan tot s'apaga.

Del teu braç, de com m'abraces.
De la línia que dibuixen els teus malucs
i de com baixen cap al teu sexe.
Del teu cul, els genolls i les cames.

Com encaixem, ens rendim,
ens demanem, de la teva llengua.
Enamorada de la suor i les llàgrimes.

Dels 20 dits, els turmells, els peus,
de tot el que estem compartint.
De com parles als gossos,
com m'acaricies, com em fas massatges.

Dels teus escrits, els teus records,
com estimes als amics, a la família,
als vells amors, de com estimes.

Dels teus dols,
de com m'escoltes,
del teu caminar,
el teu nas, les teves orelles i el teu cap.

No sé què passarà,
però no puc negar
que m'he enamorat:

dels teus petons, dels llavis,
la barba i les canes,
de les teves il·lusions, fantasies,
les teves pors i esperances,
els teus dubtes i les teves ràbies.

De lo pocavergonya que ets,
lo divertit, extravertit,
valent, decidit,
tímid i vulnerable.

De la teva paciència, independència,
el teu cor accelerat o en calma,
el teu alè, la teva respiració els nostres orgasmes.

L'amabilitat, comptar sempre amb l'altre,
el teu posar límit quan et fa falta,
del fet que vulguis ser millor,

de voler cuidar-te i responsabilitzar-te.

De la humilitat i força que desprens,
i lo inspirador i obert de ment,
les nostres converses
incòmodes, sinceres, difícils,
emotives, les lleugeres i les maques.

Les de posar a lloc el que necessitem
o el que no ens agrada,
afinant la comunicació amb la pràctica,
coneixent-nos, amb paciència,
consciència i moltes ganes.

De com m'estimes,
que siguem amor,
companyia, somriure i casa.
I segueixo amb por, però no em para.

Passi el que passi,
si el camí ens manté units
o ens separa estic molt feliç i agraïda
d'haver-nos trobat
i d'estar enamorada d'una persona
tan especial, tan autèntica, tan maca.

Penso que alguna cosa dec estar fent molt bé
per haver tingut la sort de trobar-te.

Estoy enamorada

Estoy enamorada de tus manos,
de tu mirada,
las cejas gruesas y negras,
la nuez que te sale cuando buscas respuestas en el aire.
De tu pendiente.

De arriba abajo estoy enamorada;
de tu sonrisa con las arrugas en los ojos,
de la dulzura de tu voz, cómo te mueves, cómo bailas,
de tu estatura.

De tus hombros,
de los pectorales, en el medio el ombligo,
y de tu barriga.

De tus pasiones,
nuestros besos,
los juegos, bailes,
la visceralidad, las llamas.
Con su luz, ceniza
y oscuridad cuando todo se apaga.

De tu brazo, de cómo me abrazas.
De la línea que dibujan tus caderas
y de cómo bajan hacia tu sexo.
De tu culo, las rodillas y las piernas.

Cómo encajamos, nos rendimos,
nos pedimos, de tu lengua.
Enamorada del sudor y las lágrimas.

De los 20 dedos, los tobillos, los pies,
de todo lo que estamos compartiendo.
De cómo le hablas a los perros,
cómo me acaricias, cómo me haces masajes.

De tus escritos, tus recuerdos,
cómo quieres a amigos, a la familia,
a los viejos amores, de cómo amas.

De tus duelos,
de cómo me escuchas,
de tus andares,
tu nariz, tus orejas y tu cabeza.

No sé qué pasará,
pero no puedo negar
que me enamorado:

de tus besos, los labios,
la barba y las canas,
de tus ilusiones, fantasías,
tus miedos y esperanzas,
tus dudas y tus rabias.

De lo sinvergüenza que eres,
lo divertido, extrovertido,
valiente, decidido,
tímido y vulnerable.

De tu paciencia, independencia,
tu corazón acelerado o en calma,
de tu aliento, tu respiración, nuestros orgasmos.

La amabilidad, el contar el uno con el otro,
tu poner límite cuando te haga falta,
de que quieras ser mejor,
de querer cuidarte y responsabilizarte.

De la humildad y fuerza que desprendes,
y lo inspirador y abierto de mente,
nuestras conversaciones
incómodas, sinceras, difíciles,
emotivas, las ligeras y las bonitas.

Las de poner en su lugar lo que necesitemos
o lo que no nos gusta,
afinando la comunicación con la práctica,
conociéndonos, con paciencia,
consciencia y muchas ganas.

De cómo me quieres,
de que seamos amor,

compañía, sonrisa y casa.
Y sigo con miedo, pero no me para.

Pase lo que pase,
si el camino nos mantiene unidos
o nos separa estoy muy feliz y agradecida
de habernos encontrado
y de estar enamorada de una persona
tan especial, tan auténtica, tan bonita.

Pienso que algo estoy haciendo muy bien
por tener la suerte de encontrarte.

Una espelma es fon

La llum va pampalluguejant,
cada vegada escalfa menys,
la flama es fa petita.

Creixen flors negres
regades per nits d'insomnis,
per tristors infinites
guardades en caixes de dolors passatgers.

Ulls tristos omplen la voluntat
de poder ser útil amb una excessiva complaença.
I s'entén, quina altra cosa es pot fer
quan la mort crida a la porta
i deixes de ser amo del teu destí.

Desitjos i esperances
cremen amb la flama que fa petits
tota la resta de problemes, excepte aquest,
i la cendra ens taca de tristor la gola i el pit.

La impotència mira atònita a la flama,
a la llum que fa pampallugues,
i la voluntat i el coratge
no troben el sentit, ni volen buscar-lo,
mentre ballen amb la desesperació,
intentant no trepitjar-la

ni relliscar amb els tolls de llàgrimes
que fan i netegen, i tornen a fer.

La vida és generosa
però la mort no perdona ni fa justícia.
Ella tria i sense pietat ni preguntes
va desfent la cera,
consumint l'alegria,
aturant el temps.
Creixen flors negres
regades per nits d'insomnis,
per tristors infinites
guardades en caixes de dolors passatgers.

Fins i tot Déu plora i es compadeix,
portant-nos l'un a l'altre,
perquè ens acompanyem entre nosaltres
i ens seguim sentim inútils, però junts.

I amb un nus travessat
respiro agraïment
per tot el que tinc.
Per haver pogut ser part per un instant
de l'amabilitat i la força
de voluntat d'aquesta parella de guerrers,
enfrontant-se a la pitjor derrota i condemna,
la mort d'un fill.

M'omplo d'amor i admiració
davant de veritables herois.
Fem el que podem diuen,
i és més que molt el que fan.
Rodejats de dolor, segueixen amables,
patint la injustícia més gran, són generosos.

Ho sento profundament
amb cor i ànima,
tot i que ningú en tingui la culpa.
La flama s'apaga
i la cera ens va desfent l'esperança.
Ell deixarà de patir
i seguiran durant un temps.

Creixen flors negres
regades per nits d'insomnis,
per tristors infinites
guardades en caixes de dolors passatgers.

Una vela se derrite

La luz va parpadeando,
cada vez calienta menos,
la llama se hace pequeña.

Crecen flores negras
regadas por noches de insomnio,
por tristezas infinitas
guardadas en cajas de dolores pasajeros.

Ojos tristes llenan la voluntad
de poder ser útil con una excesiva complacencia.
Y se entiende, qué otra cosa se puede hacer
cuando la muerte llama a la puerta
y dejas de ser amo de tu destino.

Deseos y esperanzas
queman con la llama que hace pequeños
el resto de problemas, excepto este,
y la ceniza nos cierra de tristeza la garganta y el pecho.

La impotencia mira atónita a la llama,
a la luz que parpadea,
y la voluntad y el coraje
no encuentran el sentido, ni quieren buscarlo,
mientras bailan con la desesperación,
intentando no pisarla

ni resbalar con los charcos de lágrimas
que hacen y limpian, y vuelven a hacer.

La vida es generosa
pero la muerte no perdona ni hace justicia.
Ella escoge y sin piedad ni preguntas
va deshaciendo la cera,
consumiendo la alegría, parando el tiempo.

Crecen flores negras
regadas por noches de insomnio,
por tristezas infinitas
guardadas en cajas de dolores pasajeros.

Incluso Dios llora y se compadece,
trayéndonos el uno al otro,
para que nos acompañemos entre nosotros
y nos sigamos sintiendo inútiles, pero juntos.

Y con un nudo atravesado
respiro agradecimiento
por todo lo que tengo.
Por haber podido ser parte por un instante
de la amabilidad y la fuerza
de voluntad de esta pareja de guerreros,
enfrentándose a la peor derrota y condena,
la muerte de un hijo.

Me lleno de amor y admiración
delante de verdaderos héroes.
Hacemos lo que podemos dicen,
y es más que mucho lo que hacen.
Rodeados de dolor, siguen amables,
sufriendo la injusticia más grande, son generosos.

Lo siento profundamente
con alma y corazón,
aunque nadie tenga la culpa.
La llama se apaga
y la cera va derritiendo la esperanza.
Él dejará de sufrir
y seguirán durante un tiempo.

Creciendo flores negras
regadas por noches de insomnio,
por tristezas infinitas
guardadas en cajas de dolores pasajeros.

Lila

Amor
vida
por
mirall
alegria
frustració
sacrifici
el temps que vola
no tinc temps d'assimilar els canvis
vull ser millor
no vull equivocar-me tant
una abraçada
un t'estimo mama
ja no em sento culpable
dubto
em preocupo
si pateixes
jo més
si t'enfades
jo haig de calmar-me
sostenir-me
sostenir-te
per no sentir el mateix
ningú et coneix millor
ningú em coneix millor
tots els xantatges i estratègies

els has après gran part de mi
totes les amabilitats i generositats
me les tornes
mai havia estimat tant

Dolça
observadora
tranquil·la
divertida
afable
creativa
amb caràcter
presumida
pallassa
Tenaç
sensible
valenta
mandrosa
riallera
afectuosa
bonica per dins i per fora
i tantes coses més
i tantes coses que jo no veig

El teu somriure
m'il·lumina
tot el que escrit em sembla
poc

tòpic
pobre
ni s'acosta al que sento
al que visc des de fa 10 anys
ja mai més m'he sentit sola
mai més m'ha faltat el sentit de viure
ni les forces
ni el motor
m'has fet conèixer
els meus dimonis
i després de moltes batalles
inevitablement estimar-los
la voluntat d'estimar-te millor
ha fet voler estimar-me més
i seguim juntes i
seguiran els reptes,
les pors,
els canvis.
Segueix així de valenta
d'autèntica
estima
estima't sempre

I recorda que: els errors són només experiències que ens ensenyen a fer-ho millor a la següent.
I recorda que: ets única i especial i el que aportes al món només tu ho pots donar.

Escolta't, prioritza't, valora't i no deixis que ningú et menystingui o et digui el que ets capaç o no de fer o de ser.

Gaudeix de la vida, arrisca't, descansa, treballa fort en el que t'apassiona. Estigues una mica boja i sobretot respectat i respecte als altres. Sigues aquella persona que t'agradaria trobar-te.

Estic orgullosa de tu ara i sempre.
Estic aquí quan ho necessitis, ara i sempre.
T'estimo infinit ara i sempre, filla del meu cor.

Lila

Amor
Vida
Miedo
Espejo
Frustración
Sacrificio
el tiempo que vuela
no puedo asimilar los cambios
quiero ser mejor
no quiero equivocarme tanto
un abrazo
un te quiero mamá
ya no me siento culpable
dudo
me preocupo
si sufres
yo más
si te enfadas
yo he de calmarme
sostenerme
sostenerte
para no sentir lo mismo
nadie te conoce mejor
nadie me conoce mejor
todos los chantajes y estrategias
las has aprendido en gran parte de mí

todas las amabilidades y generosidades
me las devuelves
nunca había querido tanto

Dulce
observadora
tranquila
divertida
afable
creativa
con carácter
presumida
payasa

Tenaz
sensible
valiente
perezosa
risueña
cariñosa,
bonita por dentro y por fuera
y tantas cosas más
y tantas cosas que yo no veo.

Tu sonrisa
me ilumina
todo lo que escribo me parece
poco

tópico
pobre
ni se acerca a lo que siento
a lo que vivo desde hace 10 años
ya nunca me siento sola
nunca más me faltó el sentido de vivir
ni las fuerzas
ni el motor
me has hecho conocer
a mis demonios
y después de muchas batallas
inevitablemente amarlos
la voluntad de quererte mejor
me ha hecho quererme más
y seguimos juntas y
seguirán los retos
los miedos
los cambios.
Sigue así de valiente
de auténtica
quiere
quiérete siempre.

Y recuerda que: los errores son solo experiencias que nos enseñan a hacerlo mejor en la siguiente.
Y recuerda que: eres única y especial y lo que aportas al mundo solo tú lo puedes dar.

Escúchate, priorízate, valórate y no dejes que nadie te menosprecie o te diga lo que eres capaz o no de hacer o ser.

Disfruta de la vida, arriésgate, descansa, trabaja duro en lo que te apasiona. Sé un poco loca y sobre todo respétate y respeta a los demás. Sé aquella persona que te gustaría encontrarte.

Estoy orgullosa de ti ahora y siempre.
Estoy aquí cuando me necesites, ahora y siempre.
Te quiero infinito ahora y siempre, hija de mi corazón.

Nada soy yo,
cuerpo que flota, luz, oleaje;
todo es del viento
y el viento es aire siempre de viaje.

Octavio Paz

ELEMENTOS

Tierra

Paseando por un bosque
de pinos y encinas respiro profundo,
y mis pulmones se llenan de
olores a tierra mojada.
Me embarga una cálida sensación
de unidad y me siento más que arropada.

Pachamama, madre tierra,
nos enseña con ternura y crudeza:
su ritmo natural,
su firme densidad,
su generosa humildad,
su eterna creatividad.
Mi cuerpo abraza
a la fecundidad,
a la matriz creadora,
al caos primordial
y a toda la substancia universal.

Las aguas representan
una masa indiferenciada
de emociones en movimiento.
El cielo cubre y transporta
nuestras ideas, palabras y pensamientos.

La tierra nos sostiene materializando
los gérmenes de la diferencia.
Y nos suceden tantos conflictos
como granos de arena
cuando nos encarnamos en este cuerpo tan limitado.

Qué importante sentirnos bien enraizados,
sostenidos, apoyados,
para poder jugar a dualidades
paradójicas donde placer y dolor
se dan de la mano.

Nos vamos regenerando, transformando.
La tierra nos da vida y reclama a los muertos.
Polvo eres y en polvo te convertirás.
Y de todo corazón sabemos
que somos tierra, polvo de estrellas
y mucho más.

Agua

Masa indiferenciada
representando la infinidad de lo posible.
Fuente de vida.
Agua que desvanece los egos.
Purifica, depura, disuelve
y arrastra todo aquello
que se oponga a su fluir vivo.

Aceptando los sentimientos,
estos me recorren el cuerpo,
liberando las experiencias
de quedarse atascadas en los huesos.

Cascadas que nos incitan
a experimentar la vida
de una forma original y nueva cada vez.
Agua roja que corre por las venas,
que vierto fuera de mí.
Recordándome el constante morir
y renacer del cuerpo.

Agua que fluye y limpia
y agua que se estanca y se pudre.
Fuerzas creativas se desbordan
en mareas crecientes.

Sueños de suaves rocíos
me acarician el rostro
como lágrimas
limpiando mis tristezas.

Lagos espejando montañas y cielos.
Nubes altas en el cielo,
niebla mojando el suelo.
Nieve con la que juegan
a inventar blancos.
Hielo deshaciéndose entre mis manos.

Fuego

El sol es una hoguera voladora
alrededor de la cual bailan los elementos.

Una cálida llama que ilumina el corazón
y si se apagara, aún calientan más las brasas.
No juegues con fuego, dicen,
¿y qué pasa si el fuego soy yo?

Chispas de felicidad manchan de sonrisas el pecho,
como bengalas escribiendo palabras en el aire,
dibujando ochos dormidos.

Cuando la llama quema demasiado,
respiro aire para repartirla por el cuerpo,
que no se quede en el pecho,
debajo del ombligo o en las entrañas.

Conteniéndola para que no salga
por los puños o la boca,
se contrae, se hace pequeña y densa
hasta que explota.

Como un big bang, destructiva y creadora,
fulminantemente transformadora.
Cenizas y humos suspendidos en el aire
esperando alimentar a la tierra.

Rabia, pasión, creatividad, energía y dirección.
Símbolo del amor encendiendo el corazón,
purificación y renovación.

Alquimia que disuelve fronteras
derritiendo barreras, si las dejas.
Incendiando las vendas en tus ojos
para que el corazón pueda ver a través suyo.

Se disuelve la envoltura
y el caramelo se deshace en la boca,
permitiéndote saborear la belleza del mundo.

Combustionando proyecciones hierve la sangre
evaporando cargas pesadas
y miedos imaginarios se convierten
en dragones apáticos tosiendo muerte.

Aire

Vientos de primavera
esparciendo semillas
sobre suelo mojado.

Tierra fértil sembrando intenciones,
dejando volar la imaginación,
esparciendo deseos.

Viento que da vida
a los árboles,
removiendo las limitaciones,
esparciendo libertades para sembrar
nuestros verdaderos sueños.

Aire que respira todo tu ser,
llenándote el alma
de sueños y agradecimiento.

Aire que es vida para tu cuerpo,
fuerza arremolinada para el espíritu.
Aire que se eleva
en espirales hacia el cielo,
cayendo dulcemente
hasta besar el suelo.

Aire que inspiras,
que me inspira
a ser la mejor versión de mí misma.
Y expirando todo
lo que te pasa y te pesa
sueltas viejas ideas.

Soltando lastre,
Soltando pasado y creencias limitantes.
Compartiendo tu verdad,
soltando el control
ríndete al viento.

Despliega las alas
con el poder de las palabras,
con el amor de una mirada.

Con propósitos e intenciones amorosas.
Aceptando aquello que aparezca:
rabia, tristeza, placer, calma.

Suspendido en el aire el futuro
y ya expirado el pasado,
sobre una nube de algodones
susurra tu nombre el presente.

Agradecimientos

A cada persona que ha acogido este libro en su corazón, juntos tejemos un hilo invisible de complicidad mística. Vuestra conexión con estas palabras le da vida a la magia entre páginas, entre poemas, entre palabras.

Un especial agradecimiento a aquellos que han compartido cómo les emocionó mi anterior libro. Vuestras palabras han sido mi fuerza y mi impulso, alentándome a seguir explorando los rincones de mi alma con papel y tinta.

Mi gratitud infinita a todos los que me han escuchado recitar, ofrecido su apoyo y creído en mí. En cada palabra que comparto siento vuestra presencia, y eso alimenta mi deseo de seguir escribiendo.

A Antonio, cuyas ilustraciones son una extensión de nuestra amistad y cariño, revelando un estilo único y una exquisita sutilidad y sencillez. Su contribución desinteresada ha elevado este libro, añadiendo una capa de belleza que va más allá de las palabras.

A mí misma, por darme la oportunidad de seguir, incluso cuando el camino parece confuso. A veces, escribir es un acto de fe, y agradezco la valentía que me regalo cada día.

A Alejandro, un compañero de vida mejor de lo que jamás hubiera imaginado en mis sueños más profundos. Anhelo continuar construyendo la realidad junto a él y mi hija Lila, cada día más grande, más inteligente, más creativa y más hermosa.

A mi padre, por su apoyo constante, incluso cuando no entiende completamente mi mundo literario. Valoraré siempre su mano extendida, lista para sostenerme cuando más lo necesito.

A mi madre, por ser mi oyente más fiel. Sus oídos abiertos y su corazón comprensivo han sido mi refugio en momentos de necesidad.

En este viaje de palabras y emociones vuestro apoyo ha sido la brújula que me guía. Con profundo agradecimiento, este libro es tan vuestro como mío.

Índice

DELIRIOS

AMORES

Este libro se terminó de editar en Granada
en marzo de 2024 por

Aliarediciones

www.aliarediciones.es
info@aliarediciones.es